저녁의 가방

천화선 시집

시와사람

천화선 시집
저녁의 가방

2021년 11월 10일 인쇄
2021년 11월 15일 발행

지은이 | 천 화 선
펴낸이 | 강 경 호
인쇄 · 기획 | 도서출판 시와사람
등록 | 1994년 6월 10일 제 05-01-0155호
주소 | 광주시 동구 양림로119번길 21-1(학동)
전화 | (062)224-5319
팩스 | (062)225-5319
E-mail | jcapoet@hanmail.net

ISBN 978-89-5665-614-4 03810

값 10,000원

*잘못된 책은 바꾸어 드립니다.

공급처 ■ 한국출판협동조합

경기도 파주시 적성면 가월리 1859-9 한국출판협동조합 적성물류센터
주문전화 (02)716-5616, 070-7119-1740

저녁의 가방

참 열심히 살아왔다. 글을 멀리하고도 행복하게 살 수 있음을 의아해하면서……. 그리고 올해부터 책을 읽고 다시 펜을 잡았다. 오랫동안 쉬었던 시간을 대신해서 열심히 준비했다.

이 책은 첫 시집으로 초기에 썼던 시를 다시 다듬었다. 너무도 용기 없어 하는 나를 독려해준 김이나 언니와 이석주 선생님께 진심으로 감사드리고 가족들에게 고마움을 표한다. 시인을 만들어준 이은봉 교수님, 그리고 예전에 시 지도를 해준 강경호 교수님과 정윤천 선생님, 시공부를 같이했던 교우들에게도 감사드린다.

이 시집이 불씨가 되어 열심히 할 수 있는 계기가 되고 싶다. 더불어 독서와 시를 쓰면서 행복하게 살고 싶다.

2021. 11.
천화선

차 례

1 혼자 키우는 사랑

2 모과나무

3 저녁의 가방

4 향기가 만드는 길

1

혼자 키우는 사랑

혼자 키우는 사랑

어쩌다 그의 눈길이 내게로 와 머무르면
화들짝 놀라 사라지는 게처럼
부끄러운 마음이어도

혼자서 불러야 하는 애원의 노래가
마른하늘에 닿아 비를 불러 준다면
그리움 간절해지는 순간들

얼굴을 묻고 잠 못 이루는 밤
하얀 담을 어른거리는 그림자

내 마음, 그의 창가에 오롯이 닿기를
바라는 사랑

곁에 없어도
그의 꿈길을 밟아
혼자 키우는 사랑

바다와 열애

바다가 보이는 가을
가을이 보이는 바다
검은 선글라스 눌러쓴
벙거지 모자 속으로
내가 숨었다

바다에 갇힌 그물
그물에 닫힌 바다
선글라스는 벗겨지고
벙거지 모자도 사라져버렸다

나는 지금
바다와 열애 중이다

백구두

백구두 신고 나타난 그이
조금만 늦게 가면 안 되나

한 달 만에 와도 반년 만에 와도
흰 발자국 남기고 사라져 간다

밤 기러기 따라
하얀 걸음으로 어디 갈까

내 사랑, 어두운 밤의
달 바라기

별을 위한 독백

마음으로 보는 게 더 잘 보일 것 같아 눈을 감습니다. 단단한 가슴에 안기고 싶은 욕망을, 당신이 먼저 알아차리지 않기를 바랍니다. 내 허리에서 느껴지는 넓고도 굵은 힘에서 깨어나는 밤이 있었습니다. 순간이 영원처럼 느껴지던 순간, 세상은 아름답게 빛났지요.

나의 두근거림은 다시 시작되었고 지금은 밤하늘 가득 별이 떠있습니다

당신의 눈빛은 멀리서 닿지만 나는 흔들립니다.

토요일 오후

찢어버린 연애편지를 적셔주기라도 하듯
안개비 내리는 토요일 오후,
어두컴컴한 영화관에 들어갔다

요염한 주인공에게
사랑은 어떤 의미일까

잘게 잘라서 버린 사연들이
스크린에 안개비로 내려
영화가 끝나도 쉽게 일어나지 못한다

토요일은 아직 끝나지 않았는데

남자의 달

땀 냄새 절은 운동복 한 벌
그녀의 트렁크에 담아 집으로 들고 오기까지
울삼푸에 담구어 놓았다가
밀가루 반죽처럼 오래오래 주물러 헹구어 내기까지

밤을 기다려
빨랫줄에 달처럼 걸기까지

마음을 졸이고 졸였을 그녀

누군가 자신을 향해
혼자 사는 여자에게 웬 남자 옷이냐고
자꾸만 다그칠 것 같아

베란다 문을 꼭꼭 닫아 두어도
슬며시 볼우물이 패이는 그녀

홍교*에서

갈대들은 누구와 한 몸이 되기 위하여
저렇게 흔들리는지

강물과 바닷물은
홍교 다리 아래에서
하나가 되는 과정을 거치고 있다

너와 내가 처음 만나
소용돌이치는 세상 속으로 풍덩 들어갔을 때
내 몸도 저렇게 떨렸을 것이다

홍교는 평생 동안 물결의 떨림을 지켜보고 있다

*전남 벌교읍에 자리한 돌다리.

한국식 사랑

1.
키스는 감미로워야 한다는 그와
감미로운 키스를 해 본 적이 없는 나는

같은 나라 식사는 한 끼 이상 안 한다는 그와
반찬을 도돌이표처럼 식탁에 올리는 나는

외국여행이 취미라는 그와
여권이 없는 나는

만났다

2.
안개의 결정을 녹이는 듯한 키스 세례에
간지럼을 탄 나는 그만,
그의 입술을 깨물고 말았다

당황한 그에게
가르쳐주었다

사랑은
깨물린 상처를 오래 추억하는 것
먹어도 먹어도 질리지 않는 김치 같은 것이라고

비와 술과 너

비가 온다
그치지 않기를

술이 달다
취하지 않기를

네가 그립다
죽도록

비는
술을 부르는 눈물

술은
네게 가는 문

너는
문을 열면 나오는 그리움

뒷모습

허리 구부러진 할머니와
지팡이 짚은 할아버지
봄 길 위를 걷고 있다
그 뒤를 따르는 그림자
오래된 흑백사진 같기도 하고
문득 돌아본
밤길의 무서움 같기도 한데
할머니와 할아버지 뒤를
?와 !
아카시아 길 따라
두 손을 꼭 잡고 가고 있다

보라색 바이올렛

보라색 셔츠를 자주 입었던 그 남자
남의 아픔은 한 눈에 알고 치료해주는 사람이
쓸쓸해 보이는 자기 얼굴은 어쩌지 못하나 봐요

오늘은 보라색 바이올렛 화분을
그의 책상 위에 놓아 둘 거예요

예쁜 꽃도 한 때,
시들어버린 꽃잎 옆에
새롭게 피어나는 꽃송이를 보고

쓸쓸함 대신
사랑스러움이 묻어나길 바라면서요

헬멧

비스듬히 기운 오토바이 위에
비가 와도 들어가지 않고
헬멧이 앉아 있다

헬멧을 잡으려고 할수록
힘차게 내 손에서 빠져나간다

아저씨 대신 오토바이에 위에 앉아있는 헬멧
병원에 누워 있는 아저씨를
고집스럽게 기다리는
저 마음이
바위의 따개비처럼 붙어 있다.

한 줄의 쪽지

여름밤 바람이 내게
천리향 향기 나는
한 줄의 쪽지를 전해주었다

그 꽃에서
아득한 거리가 느껴졌다

어느 새 이별을 동무 삼아 온 가을
빈 들의 끝으로 향기가 바래져 갔다

꽃잎이 지고 난 자리에
꽃받침의 흔적만
쪽지처럼 남아 있었다

접시꽃 이별

대문간 옆에 붉은 접시꽃 당신
나를 지키며 서 있습니다.

살아서는 올 수 없는 집
접시꽃으로 다시 피어났습니다.

만남보다
이별이 아름다워야 하는 이유는

별을 세듯이
남은 정을 간간이, 헤아려야하기 때문입니다.

이 비 그치고 내 뺨이 저절로 붉어지면
꽃잎으로 인사하는 당신인 줄 알겠습니다.

공중전화 박스 안에 놓고 온 수박

공중전화박스 곁을 지나칠 때면
너무 무거워서 들고 오지 못한
무게감의 한때가
두고 온 수박처럼
말없이 앉아 있었다.

비 내리는 창 너머에
지금도 가끔 네가 서 있다

푸른 길

길을 걷는다. 뾰족한 하이힐에 회색빛 길이 출렁인다. 이별을 예감하는 걸음이 아슬하다.

책상 위에 매실 두 알
푸른 길을 걸어서 내게로 왔다.

오랫동안 대문 앞을 서성거리던 나는 더 이상 신을 수 없는 하이힐을 벗어 놓고, 방으로 들어가 뜨거운 매실차 한 잔으로 언 가슴을 녹여 본다.

열쇠 달린 서랍 한 쪽에 열어져 갈 그리움의 순간을 숨겨두고 나온다. 한겨울에도 매실의 향은 가시처럼 나를 찌른다.

자전거 탁본

지난여름 연못 속에 빠뜨린
내 마음의 자전거 한 대
바퀴를 하늘로 들고
얼어붙은 연못을
박차고 나올 듯이
서 있다

그를 향한 마음
아무리 감추어도
저 자전거처럼
연못 속 탁본이 되어
빈 바퀴 굴러가는 소리
뜨겁게 들린다.

사랑초

초록 복주머니 안에

검은 씨앗

씨앗마다 새긴

하얀 언약

사랑이란

어느 별에서 왔니

조금 알고 나서

끝없이 나에게로 돌아오는 길

그녀의 풍경

그해 여름 텃밭에 가지가 주렁주렁 달렸다
그 많은 사람들 손길이 지나가도
그만큼의 가지는 또 열렸다

가지처럼 눈이 빛나던
아름다운 그녀가 떠나가고
밤늦도록 밖을 서성거릴 때
새는 나무속에서 구슬프게 울었다

한번 간 사랑은
다시 오지 않을 거라는
믿기지 않은 예감이 사뭇 칠 때마다
가지밭으로 갔다

서리가 내리고 눈이 와도
그녀의 풍경은
사라지지 않았다

길 위에서

저절로 고독해질 때
또는
바람에서 쓸쓸함이 불어올 때
그러다가
이유 없이 슬퍼질 때
가을꽃 같은 사람 하나 그립다는 뜻이어라

억새풀 가슴을 풀어헤친 사람이
가을 들녘의 바람이 되어
흔들리고 있을 때
별빛은 가장 아름답게 빛날 것이다

사랑이 찾아올 것 같은
가을은
길 위에서
길 위에서 보내야 한다

2

모과나무

모과나무

늦은 시간
캄캄한 대문을 열자
늦게까지 나를 기다리고 있던
눅눅한 내음

모과나무 한 그루에서
걱정스런 눈빛, 투욱
떨어져

굽은 가지
투박한 손길로
내 손을 잡아 주던
어머니

어머니의 텃밭

눈에 익은 담 모퉁이
연둣빛 푸름 속에
아른거리는 모습

상추 속에 고기 얹어 드린다던
어린 딸의 약속
땅에 묻힌 채

생시처럼
상춧잎 똑똑 따서
내게 안겨 주시네

들국화차를 마시며

들국화차를 마신다
어머니를 마신다

길가 쓰러진 두 손에
들어있던 들국화

몸부림치다 부여잡은
무심한 풀뿌리

들국화차를 마신다
그리움을 마신다

등나무

섬에서 태어나

평생 살면서

자신도 모르는 짐을

등허리에 짊어진 채

구멍 난 생을 닳도록 기우다

앙상한 줄기로 남아 있는 아버지

옹이

언니의 결혼 비자금
몰래 들고
대학 다니던 시절

둘이 누우면
뒤척일 수도 없던
얹어 사는 방

울다 잠든 막내딸 보러
밤마다 찾아오는

발고랑에 굳은살 배인
달님

찔레꽃 편지

머위잎 풍성해진 논두렁 길
구불구불한 시골길을 따라가면
하얀 찔레꽃 무더기로 피어 있네

나비들이 모은 향기로
붉은 카네이션 달아드리지 못한 어머니에게
편지 써서 하늘로 보내네

하늘에서 소풍 나오면
찔레꽃 편지 읽고
막내딸 안부, 눈물 찍어 바람으로 전해주시길……

부탁

바다를 울리는 건 파도가 아닐 거야.

미영이는 밤새 바다에서 미싱 돌리는 소리가 들린다고 했었지. 검은 모래알들이 벽을 긁으며 굴러다닌다고, 바람의 목소리로 떨리던 음성.

그때 나는 작은 가방 속에 막 떠오른 초승달을 구겨 넣고 바다로 향하였지. 파도는 칼질하듯 바다의 가슴을 도려내고 있었어. 칼로 가슴을 도려내는 것보다 더 아팠던 것은 나의 내일이었지. 자꾸만 밀려오는 슬픔을 참으며 바다에게 부탁했어. 나보다 더 크고 아프게 울어 달라고!

지금도 바다가 소리를 지르고 있는 건 그때 내가 부탁을 했기 때문이지.

밥 떠먹이는 아이

한 수저는 샛노란 달에게
한 수저는 달을 새긴 물결에게
소라껍질로 모래 밥을 떠먹이는 아이

아이의 밥을 받아먹던 달이
목이 매여 구름 속에 숨자
물결이 더 크게 흔들리네

뒤란

바랜 지붕 위로 부재의 세월이 지나갔군요. 낯선 풍경으로 덧칠해진 고향집은 나를 잊었나 보네요. 앵두나무 그늘 밑의 우물은 뚜껑이 닫힌 지 오래되었고, 봉선화 붉던 장독대는 흔적을 지웠네요.

밑동만 남은 무화과나무, 뽕나무 잎사귀만 희미하게 나를 알아보는 듯 초록 손 흔들어주는데요. 어디서 달려오는 걸까요. 문 걸어 잠근 낡은 화장실에서 코에 익은 향기가 날아오네요.

겨울 끝자락을 서둘러 밀어내고 피어난 제비꽃, 그 옆에 쪼그리고 앉아 있는 나를 말없이 받아 주는 곳은, 어두컴컴하던 뒤란이었네요. 뒤란이 그간의 안부를 물어오네요. 달려가 품 안에 안기고 보니 나, 아직 뒤란에서 살고 있었네요.

꿈

검은 그림자 위에 눌러앉은
고개 숙인
어린 시절

따가운 햇살 아래서
몽당연필로 쓴 꿈

나무처럼 자라는 것

까마귀 새

목에 검은 머플러를 두르고 다녀서
까마귀라는 별명이 붙은 아이

혼자 앉아
가재처럼 고개를 숙이고
입 안으로 빠르게 밥을 떠 넣고 있다

까마귀가 살아가는 힘
구름처럼 떠돌지만
쓸쓸하거나 외로워 보이지 않는다

둥지가 호화로운 새들도
언젠가는
홀로 날아가야 한다

까마귀가 날아간
텅 빈 교정
나도 혼자 날아가는 중이다.

가슴앓이

불혹의 나이,
암으로 가슴을 잃어
자신도 모르게
여자들의 가슴 위로 눈길이 머문다는
그녀의 눈망울엔
그윽한 우수가 깃들어 있었다

나는 헐렁한 옷 속에 숨기고
낯을 붉혀 가슴앓이했던
사춘기를 떠올리며
여자라는 이름의 원죄를 지우려고
가슴에 비누 거품을 북북 문질러댔다

오래전의 가슴앓이가 흘러내렸다.

밤바다

가슴에 담아 둔 슬픔
안으로 가둘 수 없을 때
밤바다로 나가
유등에 몸을 싣는다

밤마다 흘린 눈물로
바다의 수위는 점점 올라가도
유등들은 노아의 노를 저어
새로운 세상으로 향하고 있다

거미줄 친 달

눈에 친 거미줄
풀려다가
이내 더 헝클어지고 말았다

거미줄 친 달
침몰하는 날들이
내 곁을 지나가는 중이다

냉장고 안의 배

겨울 들녘처럼 밀어버린 머리
몸속 어딘가에 암세포를 매달고
냉장고 속 보이지 않은 곳에 웅크리고 앉아
맛도 향도 점점 잃어가는 쭈글쭈글한 얼굴

언젠가
배꽃이 피는 언덕에서
단내를 품고
아이들 주먹에서
청년들 주먹만 하게 자라
향긋한 들을 지나서
……지금 여기에 와 있었을

침을 놓으며

중년의 몸에 어울리는 살집
겨울을 잘 버티고 서 있는
가로수 같은 강인함을 주는 그녀

옷을 올린 등에
놓칠 수 없는 것들을
붙들어 매어 놓은
안간힘의 흔적을 따라

셀 수 없이
침을 겨눈다

똑똑

똑똑
가을이 왔습니다

똑똑
낙엽이 왔습니다

똑똑
엽서가 왔습니다

똑똑
그리운 사람이 왔습니다

가을밤

저녁밥을 먹다가
먹먹해지는 슬픔

눈물 가득 들어있는
보름달

빈 숟가락
달그락 달그락

귀뚜라미도
따라 우는 가을밤

3

저녁의 가방

저녁의 가방

병실 어둠을 베고 누운 그녀를
낡은 가방이 지켜주고 있다

저녁이면
가방이 비밀의 문처럼 열린다
희미한 불빛 아래서
소꿉놀이를 하는 아이처럼
차디찬 바닥에 작은 살림을 차린다
화장품, 속옷, 베개, 슬리퍼, 빗, 작은 이불……
수첩 속에는 가족사진도 들어 있다

구석진 곳 우두커니 놓여 있는 가방에
그녀의 눈길이 자주 머문다
가방이 그녀를 끌고 다닌 듯
빨간 신호등도 무시하고 달려온 그녀를

저녁이면
가방의 세계로 들어간다

손수레 방

들끓는 지열에 달아오른 도로가 모처럼 한가하다
고물도 휴가를 떠난 오전이 지나가고
마른 빵으로 한 끼 점심을 때운다

고물을 찾아 거리를 헤매고 다니는 동안
점점 더 구부러져 가는 늙은 손수레가
초저녁의 달처럼 걸려 있다

때 묻은 고무신을 벗어 놓고 손수레 위로 올라간다
고단한 시간을 내려놓고 낮잠이 들자,
멀리 성당의 시계탑이 그의 방을 내려다본다

붉은 해도 하루를 다 주워 담았는지
식어가는 하늘을 향하여
제 바퀴를 밀며 가고 있다

반딧불이

도로에 빨간 불빛들은
달려가는 반딧불이

내 슬픔
저 빛을 따라가면

어둔 담벼락 아래
질경이를 손이 아프도록 뜯다가

호박 넝쿨 뻗은
담장을 넘어

따스한
밥 한 그릇 위에

나를 기다리는
반딧불이

질긴 슬픔

비의 냄새는 다르다
오늘은 고기 굽는 냄새를 끌고 왔다

나는 처마 밑에 앉아
그 냄새를 오래오래 씹었다
너무도 질기고 질겨
그 맛이 슬펐다

질긴 슬픔을 불에 구워
다시 씹었다
목에 걸려 넘어가지 않고
입에 붙어 떨어지지 않는
검은 덩어리

지금도 슬픔은 입안에 살고 있다

석류

"봉구 전화 왔어"
주인아줌마의 카랑한 목소리에 새벽 방문을 열면

낡은 자전거 한 대
석류나무에 기대 나를 바라보고 있다

봉구 아저씨가 살았던 문간방 마루
뿌연 먼지들이 더께처럼 쌓여 있다

자취를 하던 그해 여름
봉구 아저씨의 낡은 자전거는

푸르스름한 녹물을 입은 채
입 벌어진 석류 아래 비스듬히 서 있었다

봄날

길가 화사한 꽃 속에서

외로움을 피워내는

아저씨

석양빛 구름을 안주 삼아

스치는 바람을 벗 삼아

스르르 지는 꽃잎

쓰러진 술병으로

기우는 하늘

홍등

해가 지기 무섭게 낚싯대를 펼치고
漁信을 기다려 보지만
늙은 뜰채는 대개 공염불이 많다
잔챙이 한 마리도 들지 않은 밤

뿌옇게 피어오르는 담배 연기를 벗 삼아
간간이 창밖을 응시하며
홍등 아래 앉아 있는 여자

한 달 가까이 공치고 놀았으니
내일은 실업급여 신청하러 가야 하나
소주 한 컵을 빈속에 들이붓고
가래 낀 목청을 돋운다

빈 바다

머리를 낮춘 둥근 지붕들이 물가로 모여드는 이른 저녁이다. 수건 눌러 쓴 아낙들을 갈매기는 무슨 먹이라도 되는 양, 자꾸 밖으로 불러내려 한다.

불 타고 지나간 가을 산처럼 붉어진 바다 위를 걸어 배들이 온다. 기름 값도 못 건진 남자들의 코끝이 파랗다.

지붕들이 해어름의 바닷물에 고개를 박고 머리를 감는다.

낮은 대문 속으로 허리를 구부린 바구니와 장화들 소리가 사라지고 나면, 물들도 제 집을 찾아 원행을 나설 태세다. 요새 들어 꿈에는 빈 바다가 자주 어른거린다.

민달팽이네 집

가난한 순서대로 쫓겨나야 할 달동네
마지막까지 구들장을 지키는 바퀴벌레처럼
민달팽이는 떨어지지 않으려
배추 잎을 잡고 있다

하늘이 들여다보이는 집
한동안 떼어낼 수 없던 마음이
파랗게 손이 시려지는 순간까지
물속에서 젖고 있다

사마귀의 집

1
방 안에 늙은 사마귀 한 마리
연잎 바랜 날개를 접고
모로 누워 있다

태엽 감긴 인형처럼
온 사지가 떨려오기 시작하는 날들이 길어졌다

평생 글 한 줄 써 본 적 없는 손이
허공을 칠판 삼아 알 수 없는 글씨를 새기는데

아무도 읽어낼 수 없는 유서
누가 와서 거두어 갈까

2
가끔 면사무소 직원들이
독거노인 실태조사를 하고 나면
산 아래 사마귀의 집은
바람이 대문을 닫는다.

4월의 눈보라

몇 달째 아무런 차도가 없는 할머니나
심드렁한 눈빛으로 살피고 가는 의사나
아무리 기다려도 오지 않은 버스나
세상 어디에도 자기편 하나 없는 마음이
4월,
눈바람을 불러

담요에 감싸인 할머니의 시든 눈매에서
할아버지는 때아닌
눈보라에 묻힌다.

무녀

1.
먼 하늘 향해 팔 들어 흔들 때마다
둥근 소매에 맺히는 흰 달빛이여

긴 치맛자락 사이로 내비친 외씨버선은
구름 사이를 넘나드는 한 마리 나비,

외롭다

2.
나비가 풀어주는 실타래는 어머님의 넋
그림자도 모르는 춤은 한 떨기 백합

눈물로 가는 무명 뱃길 위에
소리 없이 흔들리며 가는,

꽃잎들

3.
쪽진 이마 슬프게 빛나는 밤
장구 소리에 넋을 달래는 가슴,

미어져……

바람의 딸

텅 빈 선창에 버려진 모래포대를
바람은 며칠째 뒤흔들고

함부로 널브러진 이불 위로
가녀린 몸을 내던지면
소금처럼 녹아내리는 소녀의 가슴

밤새 모래포대의 울음이 들려오는
밝아오지 않는 방
젖은 어둠은 바람을 잡고

모래포대처럼 울부짖어야
사는 소녀

9월

아직 놓기에
이른 것들을 잡고
너무 늦은 것 같아 보이는
것들의 곁으로
가을 햇살이 불타고 있다

강변의 늙은 주름들을 적시며
9월의 강물은
서늘하게 깊어간다

이해 불가

인형처럼 예뻤던 그녀가

너무나 더러운 방바닥을 남기고

어느 날 사라졌다

한국어를 한마디도 하지 않고서

멍굴이 부부

대마도에 가면
멍굴이 부부의 애닯은 생애와
먼 도시로 떠난 아들의
서글픈 옷자락이 넘실거린다

바닷물 위에
새떼 같은 섬들을 떨쳐두고
하늘로 날아가 버린 대마 방울 소리는
밤마다
문밖에서 들린다

이름 한번 부르지 못한 아들은
돌탑 속에서 살고
노을 슬픈 기억을 새긴 바다는
오늘도 눈물 나게 파랗다

달이 하얗게 빛나는 밤
바다를 베고 잠든 멍굴이 부부
아린 상처를 어루만지는 섬은
안개 속에 잠긴다

여름 이야기

은빛 모래사장에
파도를 타는 여름꽃들 활짝 피어나면

짧아서 슬픈
슬퍼서 더 아름다운
바다의 꽃 이야기를 써 내려갈 때

얼굴 다 가려도
감출 수 없는 뒷모습을
모래 위에 새기지 말자

물속에 그림자도 남기지 말고
햇살처럼 눈부시게 빛나서

여름밤 별들로 떠올라야 한다
우리들 이야기는

고독의 무게

추석 전날, 시집간 큰딸 집에 간 마누라. 처음으로 느껴보는 고독감에 종일 도시를 방황하다가 시장통 국밥집으로 향한다. 국밥에 막걸리 한 병이면 고독의 무게쯤은 거뜬하리라 여겼는데 한 병이 두 병, 두 병이 세 병, 막걸리 숫자는 늘어가도 고독의 무게는 더 무거워진다.

명문대 졸업에 대기업 취직. 세상 그 어디에 내놓아도 뒤지지 않을 엘리트로 길렀건만 요즘은 재산 내놓으라는 협박 같은 강요에 부녀지간 정이 항아리 금 가듯 수없이 그어졌다. 생각할수록 더 야속해져서 시장통에서 홀로 명절을 보내는 심정이, 심정이 아니다.

막걸리 두어 병이면 취하던 주량이 오늘은 어찌해 볼 수 없는 기분이어서 일어선다. 속없는 저 보름달은 고독의 무게를 더하면서 집까지 따라온다.

4

향기가 만드는 길

향기가 만드는 길

처음인 듯, 귀에 익은 듯
무언가에 끌려
자석처럼 밖으로 나가네

걸음이 멈춘 곳은
사방이 벽
출구 없는 꽉 막힌 공간

캄캄한 절벽을 올라
양지바른 언덕에 다다르니
함초롬히 피어 있는 치자꽃

향기는 길을 만들어
잃어버린 나를 부르러 왔네

어떤 꿈들

빈 담벼락에 기대
여린 겨울빛을 헤아린다
군데군데 남은 잔설 속에
금방이라도 터져 나올 것 같은
어떤 꿈들이
이끼 이불을 덮고
새근새근 잠들어 있을 것만 같다

더디 가는 하루를
똘똘 말아 베고
나도 이불을 나누어 덮는다
낡은 기와지붕을 넘어온 햇살이
잠을 부르면
감나무 끝에 걸린 낮달을 타고
찾아보는 어떤 꿈들……

바닷가 식당에서

잔가지 분지르며 살던 지난날들이
소주잔을 타고 내린다

새끼손가락을 물어
초고추장 그릇에 채워 넣고
단단해진 턱으로
단물이 나도록 생선뼈를 씹는다

이제 살아야 할 마음 어디에도 없다고
의연하게 남의 살을 오래오래 씹어보는데
자꾸 나의 살맛이 느껴진다

설날 아침

매화나무 가지 하나
탯줄 같은 호박 넝쿨 붙잡고
마치 태아 같은 호박 하나를 매달고 있다

이미 놓아주어야 할
다 큰 자식을
저처럼 붙들고 있는 당신

하얀 입김 날리며 뒤란으로 나와
찬물 속에 담긴 떡국대를 건져간다

뜨거운 솥단지에
언 호박 끝에 고드름도 따 넣어 끓인

설날 아침

봄, 봄봄

지서에 가서 가로등 좀 달아 달라고 해야겠다. 차가운 땅 비집고 올라와 핀 할미꽃. 쪽창 사이로 들어온 봄바람이 거울에 앉은 묵은 먼지를 털어주어서, 오늘은 그녀도 센 머리 정성껏 빗어 쪽을 틀어 본다.

버드나무. 손끝에 돋아난 천 개의 눈으로, 재작년 이 강을 거슬러 올라간 연어들을 헤아려 본다. 실타래처럼 엉켜 있는 길 위를 그래도 사람들은 지나간다. 거슬러 올라가야 하는 게 비단 운명뿐이겠느냐며, 그녀의 치마폭 한쪽이 훈풍에 부풀어 올랐다.

고양이

큰 길 약국 앞

고양이 한 마리
앙증스런 네 발을 새색시처럼 모우고
자신이 펼쳐놓은 세상을
하염없이 바라보고 있다

과일 향기가 날아와도
생선 내음이 건너와도
자신의 털을 부풀린 채
한자리에 앉아 있다

고요하게 담긴 갈색 호수에
폭 빠지고 싶은
고양이 눈 속

푸른 책

여수 앞바다
한 권의 푸른 책이다

유조선이 해를 안고
책 속을 느리게 기어간다
물음표 위에 앉은 오리갈매기들
흔들리는 문장을 해독하느라 하루해가 기운다
눈 먼 불가사리들
그물에 걸려 생의 해답을 묻기도 하지만
생의 갈피를 채운 실마리는
넓고 깊은 책 어디에도 없다

배는 문장을 따라 길을 내며
행간의 어디든 달려가지만
책장을 떠도는 물거품과
파도의 슬픈 얘기를 다 읽고나야
책 한 페이지
겨우 넘어간다

밥 짓는 게

바위틈에 숨어 사는 게
가마솥에 밥을 짓는다

한 그릇은
얼굴이 창백하고 쓸쓸한 별에게
또 한 그릇은
고장 난 공중전화처럼 아무도 찾지 않는 별에게
그리고 한 그릇은
병원 뒤뜰의 등나무에 기대앉은 깡마른 별에게

배고픈 별들의 식사가 끝나면
하늘에선 또록또록한 눈빛들이 반짝이기 시작한다

가슴이 따스해지는 사람

당신의 모습을 처음 보는 순간
내 어두운 인생의 쉼표들이
바다 위로 힘차게 뛰어올랐지요

그 누구도 보지 못한
웅크린 당신의 한때가
내 상처와 맞닿아 있음을 알았을 때
심장에 눈물이 맺혔어요

눈을 감으면
가슴이
따스해지는
사람

맥가이버 대순이

수학 책은 거꾸로 펼쳐 놓고
공부 시간에는 내리 자다가
한 마디 해주면
금세 울상이 되는 아이

가장 신이 나는 청소시간
맨손으로 변기를 닦고
온갖 허드렛일을 도맡아 하는
선생님도 아쉬울 때 찾는 친구

텅 비어가는 고향을
마지막까지 지킬 것 같은
내가 가장 좋아하는
큰 대, 믿을 순, 대순이

행복

아침마다 새장을 연다

새는 어딘가로 날아가

저녁이면 돌아온다

행복한 새는

새장이 열렸어도 날아가지 않는다

겨울의 길목

가을걷이 끝난 하늘
노을주에 취해
빈 들녘 끝까지 붉어졌다

둥글다는 지구가
네모일 수 있다는 생각을 할 때
이 평평함의 넓이는
내가 살아온 세계의 풍경이었다

새까맣게 날아오르는 검은 구름떼
만국기라도 되는 양 펄럭거리며
어둠 속으로 사라진다

몸집이 작고 날개가 가벼운 새들부터
날아오르기 시작하는 하늘에서
겨울이 오기 시작하였다

굴다리

상행선으로 나가
하행선으로 돌아오는 굴다리

생과 사를 가르는
보이지 않는 길목

비우고 비워도
다시 차오르는 욕망들

눈썹달

통화를 끝내는 마지막 인사가 “다음에 술 한 잔 합시다”던 지인과 마주 앉았다

어느 날 팬티부터 명품으로 바꾸기 시작하면서 자신감이 붙었다는 그 남자

취한 얼굴 위에 눈썹달이 선명하게 떠 있었다

눈썹달이 복이 있다는 관상학의 말이 떠올랐다

명품 가방 하나 갖는 게 작은 소망이던 시절이었기에

나는 그 사람의 눈썹이 그렇게 부러울 수가 없었다

돌아오는 길에, 밤하늘을 이 잡듯이 살펴보았다

놀란 별들이 문을 닫기 시작하였다

집 앞에 이르러서야 뒤돌아보니, 하늘 끝에 걸린 눈썹달이 나를 비추고 있었다

나는 새벽이 올 때까지 그 자리에 서 있었다

인조 잔디 위에서

시름처럼 날리던 뿌연 먼지와
무릎에 생채기를 내던 잔돌 밭을 가려준
만 원짜리 지폐가 깔린다는 인조 잔디는
그녀의 지나간 청춘처럼 싱그러웠다

쉴 틈 없이 밟고 지나가도
허리를 세우고
곧잘 일어서는 근성이
자신을 닮은 것 같아
자주 이곳에 들르곤 한다

오늘은 푸른 지폐 위에 누워
예쁘게 인사하는 별들에게
엉덩이에 깔린 지폐 한 다발 뿌리고
호사를 누리고 싶은 흥분된 밤이다

작은 새

작은 날개로
혼자서 날아가
언제나처럼 새벽을 열어 놓곤 하던, 어린 새를
도시의 하늘은
오래전에 잃어버렸다.

길 잃은 작은 새는 어디로……*

*김정호의 노래 '작은 새' 가사 일부.

세량지에서

물안개 속에 피어나는 꽃을
새들이 물어와 물가에 집을 짓는 곳

바람도 쉬어가고 구름도 잠들다 가는
수면은 고요하고

달리는 기차에서 내려

연분홍 꽃으로
곱게 피어나고픈 새벽 물안개

너릿재 옛길

너릿재 넘어
숲 우거진 옛길

뿌연 먼지 휘날리며
덜컹거리던 차 안에서
잠시 내려

흔들리던 하늘에
토해놓은
어린 시절 추억을

벚꽃 길 연등으로
걸어 두고

뻐꾸기가 대신
울고 있는 곳